Rageur

Petit Pierre

Souris

Hukkie

Bor

Bram

Ben

Capitaine Henry et Pointu

Raton Rouleau compresseur

Sid Queue Tirebouchon

Monsieur
Raton

Papa Chat et
Papa Queue Tirebouchon

Cette édition par: Chantecler, Belgique-France
D-MCMXCIX-0001-282
Imprimé dans l'UE

Richard Scarry
MES PETITES HISTOIRES PRÉFÉRÉES

Chantecler

Monsieur Lapin est distrait

Le distrait monsieur Lapin se promène dans la rue.
Il ne regarde même pas les ouvriers, qui étalent
un nouveau revêtement bouillant et humide.
Non, il lit son journal.

Il ne regarde même pas ses pieds,
qui deviennent également bouillants,
humides et collants.
Non, il lit son journal.

Mais tout d'un coup, il lève la tête de son journal.
Etonné, il regarde ses pieds.
Sais-tu ce qu'il voit ?
Il voit ses pieds mouillés et collants,
attachés au revêtement bouillant, humide et collant.

Les ouvriers essayent de le détacher avec un long bâton. Mais cela ne va pas.

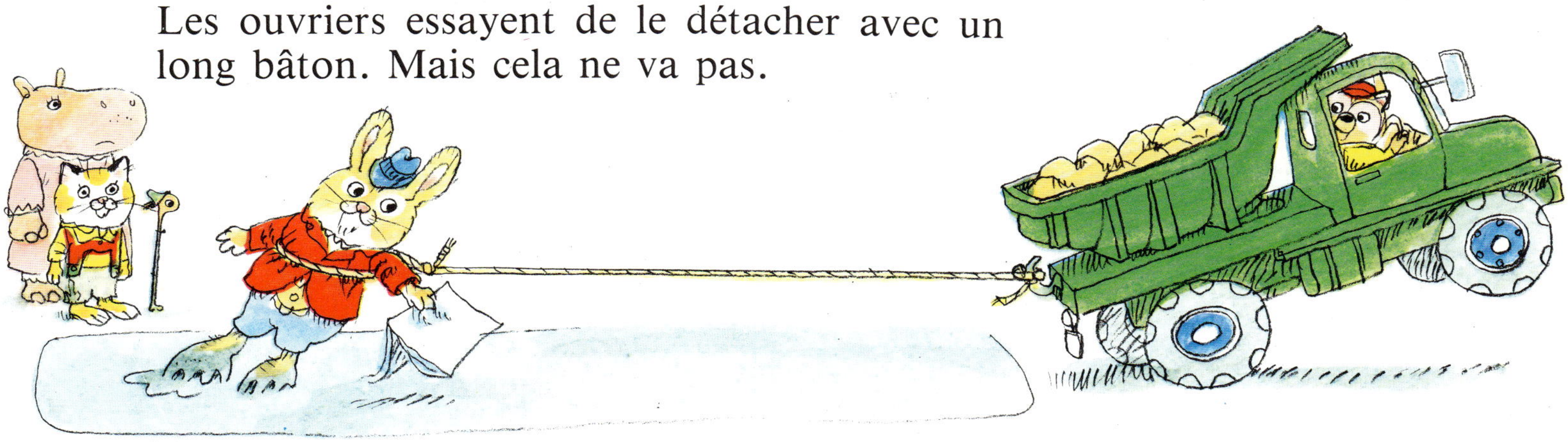

Un camion essaye de le retirer avec une longue corde. Mais cela ne va pas non plus.

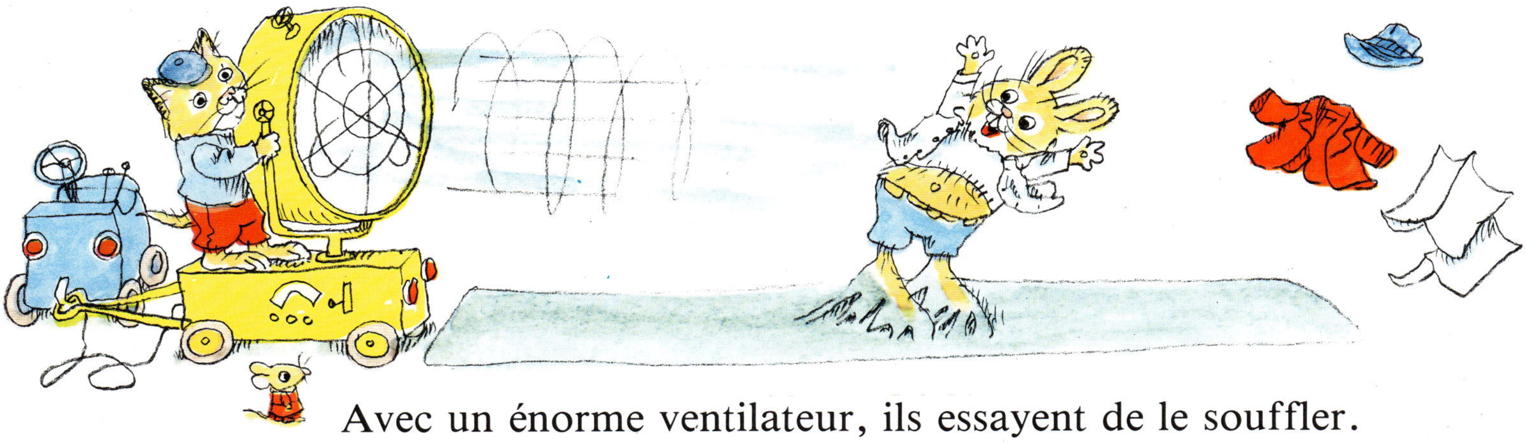

Avec un énorme ventilateur, ils essayent de le souffler.
Le ventilateur souffle son manteau et son chapeau...
Mais monsieur Lapin reste là.

De robustes pompiers essayent de le détacher à coups de jets d'eau. Ils font partir sa chemise et sa cravate. Mais monsieur Lapin reste solidement sur ses pieds. Evidemment, il ne peut rester là éternellement. Il faut trouver quelque chose pour le détacher.

Haha ! Voilà une excavatrice !
Sera-t-elle utile ?

L'excavatrice descend tout doucement...
et cueille monsieur Lapin.

Un peu plus tard, monsieur Lapin se trouve
sain et sauf sur le sol.
Chez lui il faudra qu'il se lave bien les pieds,
mais heureusement, il est détaché.

Il remet ses vêtements et remercie tout le monde.
Avant de partir, il promet que dorénavant,
il ouvrira les yeux pour voir où il marche.

Mais, un peu plus tard, il lit à nouveau son journal. Il a déjà oublié sa promesse. Evidemment, il ne regarde pas où il marche. Ce distrait monsieur Lapin !

FAIS ATTENTION, GROS BÊTA ! ! !

Le voleur de bananes

Brigadier Grognon est fort occupé à distribuer des contraventions, lorsque Bennie quitte le supermarché à toute vitesse.
Il a volé un énorme régime de bananes et essaye de se sauver.
Attention Grognon! Il vole aussi ta moto.

Brigadier Grognon est furieux.
Hukkie et Rinus regardent.
« Tu peux emprunter mon tricycle pour le poursuivre, » dit Hukkie généreusement.

A toute vitesse,
ils poursuivent
le vilain voleur.

Ils filent à travers les rues encombrées.
Pourvu que tu ne sois jamais aussi dangereux!

A la dernière seconde
ils franchissent un pont-levis,
qui laissait justement passer un bateau.

Soudain Bennie le voleur s'arrête et entre dans un restaurant.

« Je cherche un voleur » crie Grognon à Louis,
le patron.
Ensemble, ils cherchent dans tout le restaurant,
mais Bennie le voleur est introuvable.

« Ne te fâche pas » dit Louis.
« Je prépare un bon repas pour toi et tes amis. »

Que c'est dangereux, toutes ces peaux de bananes par terre.
Quelqu'un pourrait glisser!

Louis leur apporte une grande soupière
de potage aux bananes.
Chenille Rinus rigole : « Je crois que
Bennie le voleur aimerait bien cela ! »

«On doit toujours se laver les mains
avant le repas, Hukkie»
dit le brigadier Grognon.
Ils se lèvent tous les deux.
Chenille Rinus les accompagne.

Mais quand ils reviennent,
ils découvrent
quelque chose de fort étrange...
leur table a disparu !

Eh oui, lentement
leur table s'éloigne
jusqu'au moment où elle glisse
sur une peau de banane !
Sais-tu qui se cache sous cette table ?

Du beau travail, Brigadier Grognon !
Nous sommes fiers de toi !
Bennie le voleur reçoit une punition.
Car c'est très vilain
de prendre les choses
qui appartiennent à d'autres.
Ça s'appelle voler !

Le bateau de course de Pointu

Capitaine Henry emmène avec lui
son fils Pointu pour faire
un tour dans son bateau.
Pourvu que tout aille bien !

D'abord ils éperonnent un voilier.

Ensuite ils butent contre une péniche.
Hop! Le panier de lessive vole par-dessus bord.
Que tu es bête, Henry! Ne peux-tu pas faire un peu
plus attention?

Capitaine Henry veut aller plus doucement
et surtout ne plus rien cogner.

Mais il est déjà trop tard, le policier Géant des Mers l'attrape.

Dorénavant le capitaine Henry ne pourra plus
naviguer que dans un bassin! Là, il pourra al-
ler aussi vite qu'il veut, sans cogner personne.

Mais que vois-je là
dans ce tout petit bateau de course?
Oh, c'est Pointu!
Oh là là! Je crois qu'il nous
faudra encore un bassin!
Attrape-le, policier Géant des Mers!

La nouvelle voiture de maman Queue Tirebouchon

Papa Queue Tirebouchon a acheté une nouvelle voiture pour l'anniversaire de maman.
Ce qu'elle va être contente!

En cours de route,
papa s'arrête chez un droguiste.
En sortant de là, il se trompe et monte dans une jeep.
(Tu devrais mettre tes lunettes, papa Queue Tirebouchon.)
Pierrot et Fifi croient qu'il a échangé sa voiture contre celle d'un soldat.

Papa Queue Tirebouchon doit également aller au supermarché.
Lorsqu'il en sort, il entre dans une voiture de police.
«Ça c'est un bel échange, pa» dit Pierrot.
Mais papa n'écoute pas... pas plus qu'il ne réfléchit.
A moins que? ...

Ensuite il va chez un marchand de fruits.
En partant, il prend le tracteur du fermier Renard.
Oh, ce qu'il est distrait, papa Queue Tirebouchon!
«Maman sera terriblement contente de son nouveau tracteur»,
dit Fifi à Pierrot.

Aïe, voilà un incendie!
Je vais aller voir, pense papa Queue Tirebouchon.
Lorsque l'incendie est éteint, ils continuent....
dans une voiture de pompiers!
Comment peut-on être si sot!

Un peu plus loin, ils s'arrêtent un instant
pour regarder les ouvriers
creuser un grand trou.
Non, papa n'entre pas dans le camion à déverser.
Il entre par accident dans...

… l'excavatrice de Nol Rhinocéros !
Ce que maman Queue Tirebouchon sera étonnée de sa nouvelle VOITURE !
Hé, pa, sais-tu comment t'arrêter ?

Eh bien oui, il le sait !

Oh, oh, voici Nol Rhinocéros.
Il a trouvé la nouvelle voiture
de maman Queue Tirebouchon
et va chez elle.
Mais il semble furieux
contre celui qui conduit son excavatrice.

Attention, Nol, tu serres beaucoup trop fort
la nouvelle voiture de maman !
Espérons que papa Queue Tirebouchon ne fera plus jamais
autant d'erreurs en une seule journée !

Monsieur Dépanneur

Monsieur Dépanneur répare TOUT.
Enfin, c'est ce qu'il m'a dit.

Il attache la roue de la charrette de Philippe.

En une seconde,
il répare l'auto de madame Chatte.

Il répare tellement bien le bateau de Sam
que l'eau ne pourra plus jamais y entrer.
Oh là là, quelle fameuse fuite c'était !

Il répare également le pneu crevé
du car scolaire.
Hé monsieur,
ne peux-tu pas t'arrêter ?

Il répare aussi une lanterne dans la rue.
Que fait-il, le docteur Boum ?
Il ne peut pas faire attention ?

La poupée parlante de Marie
ne peut plus dire « maman ».
Monsieur Dépanneur la répare !
Et la poupée dit « papa » !

Il répare rapidement l'aspirateur
de maman Chatte
mais il a commis une petite erreur.
L'aspirateur n'aspire
plus au sol
mais au plafond !
« Tu en as de la chance ! »
dit monsieur Dépanneur.
« Tu es maintenant la seule
au monde à posséder
un aspirateur aussi original ! »

Il répare le soulier de chenille Rinus.
« Que tu es habile » dit Rinus.
« Je parie que
tu peux tout réparer. »
« Tu as raison » dit monsieur Dépanneur.
« Je répare tout ! »

Maintenant il est temps de retourner
à la maison pour manger.
Madame Dépanneuse donne un baiser, à son mari
et lui demande : « Veux-tu donner
le biberon au petit Dépanneur ?
Entretemps je prépare ton repas. »
Monsieur Dépanneur remplit le biberon de lait.
Mais comment... faut-il fixer la tétine ?
Il ne le sait pas.

Il pousse et tourne... cela ne réussit pas.
Que c'est difficile !!

« Laisse-moi essayer, papa » dit petit Dépanneur.
« Tu ne peux sûrement pas le faire »
dit monsieur Dépanneur.
Il donne pourtant la bouteille à son fils.
Et le petit Dépanneur l'arrange *du premier coup !*

« Oh, c'est étrange !
Montre-moi comment tu as fait. »
Un peu de patience, monsieur Dépanneur.
Le petit Dépanneur vide d'abord son biberon,
ensuite il fera une démonstration !

Les trois bonnes d'enfants

Maman Ourse voit passer Bor, Bram et Ben
juste à temps. Elle court dehors et crie:
«Voulez-vous m'aider. Ma maison est tellement en désordre,
tout est sale. Si vous vouliez garder Bobby,
j'irais vite acheter quelques produits d'entretien.»

Bor, Bram et Ben veulent bien garder Bobby
pendant que sa maman est partie.

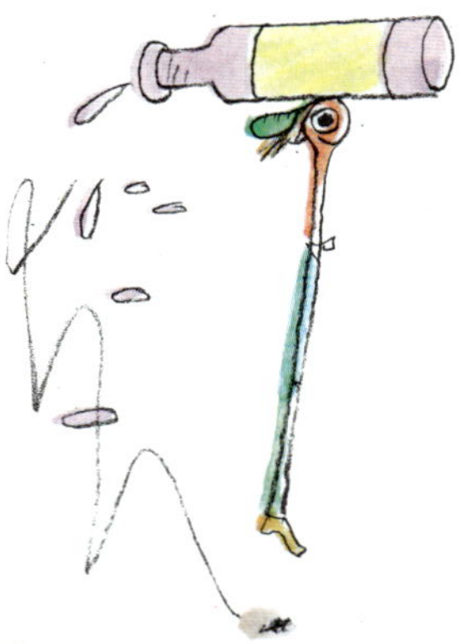

Après un moment, ils en ont assez de jouer.
«Je connais un jeu amusant» dit Ben.
«Nous allons faire des caramels!»
(Je ne pense pas que maman Ourse sera très contente.
Et toi, qu'en penses-tu?)

Lorsqu'ils ont tout bien mélangé,
ils versent le mélange dans
une forme pour la mettre au four.
(Penses-tu qu'ils savent VRAIMENT
comment on prépare des caramels ?)

« Maintenant au four » dit Bor.
Ils attendent impatiemment.
Blub-blub ! Slub-slub !
On dirait que quelque chose déborde !

VLAM ! ! ! !
La porte du four s'ouvre.
Un fleuve de sirop remplit la cuisine.
Au galop, garçons ! Sauvez vos vies !

Chenille Rinus court vers le téléphone.
« Au secours ! » hurle-t-elle. « Notre maison se noie !
Tout est rempli de sirop ! »

Ecartez-vous ! Les pompiers arrivent !
Hoho, qu'ils sont rapides !

Hé Rinus, attends un peu !
N'ouvre pas la bouche d'incendie
avant que le tuyau n'y soit attaché !

Un peu plus tard, tout le sirop
est emporté par l'eau.
Regardez qui arrive !
C'est maman Ourse. Dépêchez-vous les garçons !
Remettez tout en ordre avant qu'elle ne soit là.
Comme ils se dépêchent !

« Ma maison n'a jamais été aussi propre et jolie »
dit maman Ourse joyeusement. « Nous devons fêter cela !
Qui veut préparer du sirop de caramels ? »
Effrayée, Chenille Rinus répond :
« Je crois qu'il vaut mieux que vous le fassiez, maman Ourse. »
Elle le fait. Après quelques instants, ils mangent ensemble
les meilleurs caramels dans la maison la plus propre !

Lappy Malchance

Lappy Malchance a reçu
la permission
d'aller au supermarché pour acheter
une boîte de soupe.
«Fais attention. Ne tombe pas»
lui crie maman.
«Je ne tombe jamais!»
dit Lappy Malchance en riant.

Il fait un faux pas et arrive dans
la rue en tombant.

Il évite de justesse une voiture d'enfant.

Puis, d'un bond
il atterrit dans le magasin...

... au beau milieu des pois.

Puis, il entre en collision avec le boucher.

Encore un pas… et toutes les boîtes de conserves dégringolent

Ouille ! La grosse Hilda se trouve dans le chemin.

« Je dois faire plus attention » se dit Lappy Malchance.

Mais un instant après il tombe sur la caisse.

Il retourne à la maison sans tomber une seule fois. C'est bien, Lappy. Il aide maman à préparer la soupe.

Mais lorsqu'elle verse la soupe dans une grande soupière, Lappy y tombe en plein milieu. « Maintenant cela suffit » soupire Lappy. « Aujourd'hui je ne tomberai sûrement plus. » Mais il tombe encore une fois.

Bonne nuit, Lappy Malchance. Fais de beaux rêves.

Le pain parlant

Boulanger Miedepain et son habile aide-boulanger Pierre pétrissent la pâte. Léonie, la petite fille, les regarde pétrir et malaxer.

Après avoir pétri, ils fabriquent avec la pâte toute une série de pains de toutes les formes et de toutes les dimensions.

Avec sa longue pelle, Miedepain glisse les pains dans le four pour les cuire.

Lorsqu'ils sont bruns et fumants,
le boulanger Miedepain dépose les pains
sur la table pour les refroidir.
Mmm ! Cela sent bon !

Voici le dernier.
Hé ! Tu as entendu cela ?
Ce pain a crié « Maman ! »
Mais chacun sait que les pains
ne peuvent pas parler.
On dirait de la sorcellerie.
« Au secours ! Police ! »
Boulanger Miedepain prend
Léonie par la main
et court vers le téléphone.

« J'appelle Brigadier Grognon » halète-t-il.

Brigadier Grognon arrive en un clin d'œil.

Prudemment, il se glisse près du pain ensorcelé
et le ramasse.

«Maman» dit le pain.

Effrayé, Grognon tombe
dans la cuve de pâte.

A cet instant
Rinus et Hukkie
entrent dans la boulangerie.

«C’est un pain fort étrange» dit Rinus.
Il se couche à plat ventre
et rampe lentement
vers le pain.

Il mord dedans...
Mais le pain ne dit rien.

Il grignote et grignote jusqu’à ce qu’on ne voie plus que son pied.
Et le pain ne dit toujours rien.

Rinus se met debout.
«Maman» crie le pain.

Encore un instant et voilà
la tête de Rinus qui sort du pain.
«J’ai découvert le mystère» dit-il.
«Rompez le pain en deux
morceaux. Mais ne me
cassez pas, s’il vous plaît.»

Boulanger Miedepain brise le pain
et découvre au milieu... la poupée de Léonie.
Elle était tombée dans le pétrin
et puis avait été cuite avec le pain.

Maintenant qu’il n’y a plus de mystère,
ils mangent tous du pain ensorcelé.
Tous, excepté chenille Rinus.
Elle s’est déjà bien rempli le ventre.

Du beau travail, Rinus!
Maintenant, enlève ton pied de la table!

Les trois petits pêcheurs

Rinus, Hukkie et papa vont à la pêche.

Leur petit canot à moteur
les emporte loin de la côte.

« Jette l'ancre, Rinus » crie papa.
L'ancre s'en va… et Rinus également !

Lorsque Rinus est revenu sain et sauf à bord,
papa lance sa canne à pêche.

Très vite, il attrape un vieux vélo.
Mais il ne veut pas de vieux vélo.
Il veut du poisson.

Ouille ! Hukkie tombe par-dessus bord.
Tu crois que c'est amusant
de tomber par-dessus bord ?

Papa hisse Hukkie à bord.
Hé regarde ! Hukkie a attrapé
un poisson dans sa culotte.

Papa continue sa pêche, mais
il n'attrape rien du tout.
Il ne trouve pas cela agréable.
« Nous retournons à la maison.
Il n'y a plus de poisson ici » dit-il.

Lorsque papa descend du canot,
il glisse et ... tombe.
Oh, il est très fâché maintenant.

Pourquoi crie-t-il si fort ?

Oh, je le vois maintenant.
Un poisson lui mord la queue.
Ce poisson veut attraper papa.
Heureusement que la queue de papa est solide.
Maintenant, il n'y a plus que Rinus
qui n'a encore rien attrapé.

Eh, regarde. Rinus a
enlevé son chapeau.
Qu'est-ce qu'il y avait en-dessous?
Un poisson! Bravo, Rinus!

Les voilà donc:
les trois meilleurs pêcheurs!

L'accident

Harry Queue Tirebouchon roule dans la rue.
(Regarde devant toi, Harry !)

Mais non, il ne regarde pas devant lui et entre en collision avec un taxi.

Brigadier Grognon arrive déjà.
«Tous sur le trottoir» crie-t-il.
«Je ne veux pas qu'on se dispute.
Vous allez vous faire renverser.»
Tout le monde se met donc sur le trottoir.

Juste à temps !
Car Bill Brown arrive avec son bulldozer.
« Oh, que c'est dommage » soupire Bill.
« Je crois que je n'ai pas fait attention. »

Quel terrible désordre !
Heureusement que le comique petit Georges arrive.

Comique petit Georges enlève les voitures, la moto,
et toutes les petites pièces, et les dépose dans son garage.
« Je remets tout à neuf ! La semaine prochaine
tout sera prêt » dit-il en souriant.

Comique petit Georges travaille presque jour et nuit
pour tout remettre bien en ordre.
Hors du chemin, Rinus et Hukkie !
N'approchez pas trop près de Georges !

Regardez cela ! Comique petit Georges n'a pas menti.
Après une semaine, tout est remis à neuf.
Je ne suis pas très sûr, mais je crois
qu'il a un peu mélangé les pièces.

*Urgence pour Brigadier Grognon.
Mademoiselle Grognonne ne veut
pas vider son assiette.
Retournez immédiatement à la maison !*

Avancez vers le fond du bus, s'il vous plaît

Gaston est chauffeur d'autobus.
Toute la journée, il crie
à ses passagers : « Avancez,
poussez, s'il vous plaît. »

A chaque arrêt, il dit poliment :
« Avancez vers le fond du bus, s'il vous plaît.
Il y a encore des gens qui veulent monter ! »

Bon Dieu, ce bus est plein à craquer !

Mais regardez ! A l'arrière du bus, il y a encore de la place.
Personne ne veut avancer. Grosse Hilda arrive.
Elle veut bien, elle, aller jusqu'au fond.

Lorsque la grosse Hilda commence à pousser fort, Gaston se fâche enfin. « Je ne bouge plus d'un mètre » crie-t-il. « Tout le monde doit d'abord avancer vers le fond. Maintenant plus personne ne peut entrer. »

Hoho ! La grosse Hilda avance progressivement vers le fond et pousse tout le monde devant elle. Pauvre Gaston ! Maintenant il ne pourrait plus bouger d'un mètre !

Tout le monde descend !
Le bus ne va pas plus loin !

Oncle Guillaume et les pirates

Plus personne n'ose encore prendre la mer.
Savez-vous pourquoi ?
Une ignoble bande de pirates
écume la mer.
Et cette bande vole tout
ce qu'elle rencontre.
Mais oncle Guillaume n'a pas peur.
« Je vais tout de même naviguer.
Personne ne m'attaquera ! »

Il laisse tomber l'ancre devant une île déserte.
Tante Hélène lui a préparé une bonne tarte.
« Je fais d'abord un petit somme,
ensuite je déguste la tarte »,
se dit oncle Guillaume.

Un peu plus tard, oncle Guillaume dort. Bzzzz !
Et qui monte à bord ?
Un pirate. Et encore un. Et encore un !
Des pirates à bord, oncle Guillaume !

Trop tard !
Oncle Guillaume tout seul ne peut rien
contre tous ces pirates.

D'abord ils déposent oncle Guillaume sur l'île déserte.
Ensuite ils mangent sa tarte.
« Miam, miam, excellent ! » disent-ils.

Oncle Guillaume est furieux !
Le plus grave c'est sa tarte.
Mais il ne peut se passer de son bateau.
Comment va-t-il retourner à la maison ?
Il a une bonne idée.
Il rassemble des branches, des coquillages
et de longues tiges.
Il tresse une sorte de tapis de roseaux.

Ensuite il lie les coquillages
aux branches
et en fait un effrayant masque.

Le tapis de roseaux est attaché aux branches et
les coquillages servent d'yeux.
Une feuille de palmier sert de queue et…
le terrible MONSTRE d'oncle Guillaume est prêt

Oncle Guillaume y entre. A partir de maintenant, oncle Guillaume est un monstre horrible.
Gare à vous, les pirates!

Le monstre effrayant nage vers le bateau.
Les pirates sont muets de peur.

Ils se sauvent à toute vitesse
dans la cabine de pilotage.
L'horrible monstre ferme la porte…
… à clé !

Le monstre a attrapé
les ignobles pirates.

Maintenant, le monstre retourne à la maison.
De l'embarcadère tante Hélène le voit arriver.
Comme elle est effrayée, la pauvre tante !
Elle crie : « Un horrible monstre arrive !
Encore mille fois plus terrible que les pirates ! »

Oncle Guillaume met pied à terre et enlève son masque.
« Seigneur » s'étonne chacun. « C'est donc toi ! »
Brigadier Grognon s'empare des pirates et les enferme.

C'est grâce à oncle Guillaume
que l'on peut prendre la mer sans plus aucun danger.
Trois bravo pour oncle Guillaume
L'HORRIBLE MONSTRE ! ! !

Un jour de malheur

Oncle Raton se réveille
« Debout maman ! » crie-t-il.
« Il va faire beau aujourd'hui. »

Il ouvre le robinet
mais celui-ci se brise.
Il faudra appeler monsieur Dépanneur.

Ensuite il va déjeuner.
Il grille le pain
et maman lui cuit son lard.

« Veux-tu faire des courses pour moi, ce soir ? »
demande maman lorsqu'il part.
Soudain la porte tombe de ses charnières.

Plus tard,
un pneu de sa voiture crève.

En changeant le pneu,
il déchire son pantalon.

Il repart.
Le moteur fait boum et l'auto
n'avance plus d'un mètre.

« Je vais aller à pied » soupire-t-il.
Le vent emporte son chapeau.
Adieu chapeau !

En cherchant son chapeau
il tombe dans un trou.

Il en sort et
se cogne contre un poteau.

Pauvre monsieur Raton. Maintenant l'agent
se fâche à cause du poteau renversé.

« Je dois être plus prudent »
se dit monsieur Raton. « Sinon
cela finira mal aujourd'hui. »

Mais il ne fait pas attention
et cogne madame Hochequeue :
tous les œufs sont cassés.

Un autre agent lui donne une contravention
parce qu'il a sali le trottoir.

Heureusement, il rencontre son ami
Freddy Sanglier.
« Viens, nous allons manger
quelque chose au restaurant »
dit Freddy.

Doucement Freddy !
Ne frappe pas si fort !

Freddy mange et mange et mange.
As-tu déjà vu quelqu'un qui
mange si salement à table ?
Ho Freddy ! Enlève ton chapeau.

Quand Freddy a tout mangé,
il s'en va sans payer.
C'est monsieur Raton qui doit le faire.
Regarde toutes ces assiettes
que Freddy Sanglier a salies !

Monsieur Raton doit
donner son dernier sou pour le repas.
« Aujourd'hui tout va mal »
soupire-t-il ! C'est vrai, n'est-ce pas ?

Aïe, aïe. La nappe reste accrochée à sa ceinture !

Le garçon crie:
« Je ne veux plus jamais te voir ici ! »
Monsieur Raton soupire:
« Le mieux est de retourner
au plus vite à la maison.
Je veux que cessent tous ces ennuis. »

Il arrive à la maison quand monsieur Dépanneur part.
Celui-ci a cherché des fuites durant toute la journée.
« Demain je reviendrai et je réparerai tout » dit monsieur Dépanneur.

« As-tu apporté les vivres ? » demande madame Raton.
« J'ai envie de préparer quelque chose de chaud. »
Evidemment, il n'a pas fait les courses.
C'est pourquoi ils devront
manger des cornichons froids.

Après le repas ils vont au lit.
«Maintenant il ne m'arrivera plus rien»
soupire monsieur Raton soulagé,
lorsqu'il se met dans son lit.
Aïe! Il passe à travers son lit!
Espérons qu'il aura plus de chance
demain!

L'avion de Rudolphe

Faites tous bien attention !
Rudolphe a sauté
de son avion.
L'appareil peut tomber à chaque instant.

TAXI

Ho, quel excellent terrain d'atterrissage
pour un avion! Tu ne trouves pas?
Mais comment allons-nous
faire descendre cet avion?
L'échelle des pompiers
n'est pas assez longue.
Je ne crois pas que quelqu'un puisse
sauter si haut.

Heureusement que Rudolphe a bien atterri.

Rinus et Hukkie ont tout vu.
Rinus a mijoté un plan.
Il le raconte à l'oreille de Hukkie:
«C'est une bonne idée» dit Hukkie.
«Nous allons l'exécuter immédiatement.»

D'abord Hukkie casse une branche d'arbre.
Avec un morceau de corde il fait un arc.
Il veut envoyer
une flèche
en l'air.
Mais où trouver une flèche?

Chenille Rinus sera la flèche.

Hukkie envoie Rinus en l'air.
Qui monte de plus en plus haut...

... et tombe dans le cockpit
de l'avion de Rudolphe.
Rinus fait démarrer le moteur,
et voilà l'avion reparti !

Mais Rinus sait-il comment voler ?
Bien sûr que Rinus sait comment voler !

Mais Rinus sait-il aussi comment atterrir ?
Bien sûr que Rinus sait comment atterrir !

Ceci est évidemment aussi
une manière d'atterrir !
Bravo, Rinus !

L'anniversaire de Rinus

C'est l'anniversaire de Rinus.
Maman Chatte allait préparer une bonne tarte pour lui.
Mais il n'y avait plus d'œufs. Papa irait chercher
des œufs en ville et de petites bougies pour la tarte.
Et peut-être encore quelques objets amusants.
« Fais attention que les œufs ne cassent pas ! » crie maman.

Papa Chat s'arrête à la quincaillerie
pour acheter des bougies.
IL LAISSE TOURNER LE MOTEUR.
Tu n'aurais pas dû faire cela,
c'est bête, papa Chat.

Tu vois ce qui arrive maintenant !
L'auto s'en va sans conducteur !
Chenille Rinus ne sait pas conduire.
Il n'a certainement pas de permis de conduire.

L'auto s'en va tout droit au supermarché
chercher des œufs pour la tarte de Rinus.
Lorsqu'il passe dans le coin des œufs,
Rinus attrape en vitesse un panier d'œufs frais.
Papa Chat arrive juste à temps pour payer.

SAVON
OFFRE
DU JOUR
ŒUFS FRAIS
CORNICHONS

Ils filent
par la porte arrière
du supermarché.

Ils rencontrent monsieur Dépanneur qui répare un feu de signalisation. Dépêche-toi, monsieur Dépanneur, sinon, il y aura des accidents !

Tiens bien les œufs, Rinus .... ne les casse pas !

Où est donc papa Chat ? Le voilà. Il a acheté quelques ballons et des friandises dans un magasin de surprises.

FRAISES

Ils roulent droit dans le champ de blé du fermier Betterave. Je ne crois pas que fermier Betterave trouve cela amusant. Evidemment c'est la faute de la voiture qui n'a pas de chauffeur.

Papa Chat court toujours derrière eux. Il s'arrête un instant pour acheter une caisse de bonnes fraises rouges chez la fermière. «Ce sera bon sur la tarte de Rinus» se dit-il.

Finalement l'auto s'arrête dans la cuisine de maman Chatte !

Rinus n'a pas cassé un seul œuf !

Maman Chatte prépare une tarte d'anniversaire colossale,
sais-tu qui en a mangé le tout premier ?
Rinus n'oubliera jamais ce jour d'anniversaire !
Hip, hip, hourra pour chenille Rinus !

AUTO-BANANE

GLACE

OUTILS